BEI GRIN MACHT SICH IHR WISSEN BEZAHLT

- Wir veröffentlichen Ihre Hausarbeit, Bachelor- und Masterarbeit

- Ihr eigenes eBook und Buch - weltweit in allen wichtigen Shops

- Verdienen Sie an jedem Verkauf

Jetzt bei www.GRIN.com hochladen und kostenlos publizieren

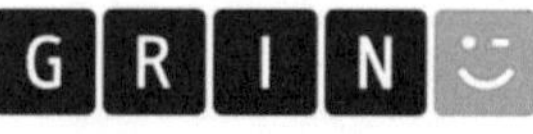

Darina Saust

Ikarus nach Henri Matisse - eine Kunststunde in einer vierten Klasse

GRIN Verlag

Bibliografische Information der Deutschen Nationalbibliothek:

Die Deutsche Bibliothek verzeichnet diese Publikation in der Deutschen National-
bibliografie; detaillierte bibliografische Daten sind im Internet über http://dnb.d-
nb.de/ abrufbar.

Impressum:

Copyright © 2007 GRIN Verlag, Open Publishing GmbH
Druck und Bindung: Books on Demand GmbH, Norderstedt Germany
ISBN: 978-3-656-48305-2

Darina Damm
Anwärterin des Lehramts an GHRS
Anschrift
PLZ
Mail
Tel

Göttingen, den 13.10.2007

GS Gartetalschule
Anschrift
PLZ
Tel

Unterrichtsentwurf

anlässlich eines Unterrichtsbesuches im Fach

Kunst

gemäß DB zu § 9 PVO-Lehr II, Ziffer 4

Datum: 15.10.2007
Uhrzeit: 8:50 – 9:35 Uhr
Klasse: 4 (Schülerzahl: 16 - 13 Mädchen, 3 Jungen)

Pädagogikseminarleiter: Herr -
Fachseminarleiter: Herr -
Fachlehrerin: Frau -
Klassenlehrerin: Frau -
Schulleiter: Herr -

Thema der Unterrichtseinheit: Henri Matisse und seine Werke

Thema der Unterrichtsstunde: Ikarus – Wir puzzeln ein Bild

<u>Stellung der Stunde in der Unterrichtseinheit:</u>

1. <u>Wer war Henri Matisse ?:</u>
   Die Schülerinnen und Schüler sollen den Künstler Henri Matisse kennenlernen, indem sie verschiedene farbenfrohe Werke betrachten, die Matisse vor seiner Krankheit gemalt hat, und zu einem Bild ihrer Wahl ein Wörterrechteck erstellen, in das sie Wörter eintragen, die sie assoziativ mit dem Bild in Verbindung bringen. Anschließend werden die Wörterrechtecke mit den Titeln der Bilder verglichen. Darüber hinaus erhalten sie erste Daten über Matisse´ Biographie.

2. <u>Matisse´ Werke haben sich verändert:</u>
   Die Schülerinnen und Schüler sollen durch die Betrachtung einiger Werke Matisse´ ab 1948 Unterschiede zu den Malereien aus der vorhergegangenen Stunde benennen. Anschließend sollen sie sich das „Malen mit der Schere" bewusst machen und die Bewegungseinschränkungen von Matisse durch die Krankheit nachempfinden, indem sie angeregt durch eine Fantasiereise mit Büchern unter den Armen Meerestiere und –pflanzen aus weißem Papier schneiden und diese auf blauem Untergrund aufkleben, so dass ein großformatiges Unterwasserbild entsteht.

3. <u>**Ikarus – Wir puzzeln ein Bild:**</u>
   Die Schülerinnen und Schüler sollen das Bild „Ikarus" von Matisse kennênlernen, indem sie aus den Einzelteilen des Bildes nach dem Hören der Ikarus-Geschichte in Partnerarbeit ein Bild zusammenlegen und aufkleben. Anschließend sollen durch das Betrachten von Matisse` Ikarus-Bild Gemeinsamkeiten und Unterschiede festgestellt werden, die das Bild den Kindern näher bringen.

4. <u>Henri Matisse – Wir fassen zusammen:</u>
   Die Schülerinnen und Schüler sollen in Gruppenarbeit Plakate mit den wichtigsten Daten und Kunstwerken von Henri Matisse erstellen, indem sie im Internet nach Informationen über den Künstler suchen und diese mit Bildmaterial auf Plakaten zusammenbringen, die anschließend im Schulhaus ausgestellt werden.

<u>**Kompetenzen, die in dieser Stunde gefördert werden können:**</u>

Die Schülerinnen und Schüler…

<u>Wahrnehmen:</u>

- nehmen ästhetische Phänomene und Bildaussagen aus Traum und Fantasie wahr.
- erfassen ausgehend von experimentellen Prozessen die Wirkungsweisen elementarer bildnerischer Mittel und Verfahren.

<u>Gestalten:</u>

- wenden ausgehend von experimentellen Prozessen einfache bildnerische Verfahren in zunehmend komplexeren, mehrschichtigen Vorhaben zielorientiert an.
- setzen einfache bildnerische Mittel im individuellen Ausdruck zielorientiert ein.
- präsentieren Arbeitsergebnisse.
- Planen zunehmend selbstständig einfache Arbeitsabläufe, können diese vorbereiten und durchführen.

<u>Herstellen von kulturhistorischen Kontexten:</u>

- begründen eigene Sichtweisen und Wertungen zunehmend differenzierter.
- nutzen elementare Kenntnisse über bildnerische Mittel und Verfahren der Kunst zum Verständnis von Werkbeispielen und Gestaltungsprozessen.

<u>**Feinlernziele:**</u>

Die Schülerinnen und Schüler…

- sollen sich auf die Geschichte des Ikarus einlassen, um im Anschluss daran spontane Empfindungen zu äußern.
- sollen die Merkmale von Matisse´ Scherenschnitten wiederholen, indem sie durch Betrachten unterschiedlicher Ikarus-Bilder erkennen, dass keines der Bilder von Matisse ist und ihre Meinung begründen.
- sollen in Partnerarbeit die Einzelteile des Ikarus-Bildes aus farbigem Tonpapier herstellen, indem sie aus dem farbigen Papier die an der Tafel skizzierten Formen nachschneiden.
- sollen die Geschichte des Ikarus nachempfinden und ihr Wissen über Matisse´ Arbeitsweise vertiefen, indem sie aus den ausgeschnittenen Einzelteilen in Anlehnung an die Geschichte ein Bild zusammenlegen und die Formen anschließend aufkleben.

- sollen kooperativ mit einem Partner zusammen arbeiten, indem sie Gestaltungsprozesse und –aufgaben selbstständig unter sich aufteilen, ihre Gestaltungsideen akzeptieren und ggf. Kompromisse eingehen (soziales Lernziel).
- sollen sich mit dem Original von Matisse auseinandersetzen, indem sie Gemeinsamkeiten und Unterschiede zwischen diesem und ihren eigenen Bildern verbal äußern.
- sollen Gesprächsregeln beachten, indem sie sich in einer Gesprächsrunde im Sitzkreis gegenseitig ausreden lassen, sich gegenseitig zuhören und die Meinung anderer respektieren (soziales Lernziel).

Tafelbild:

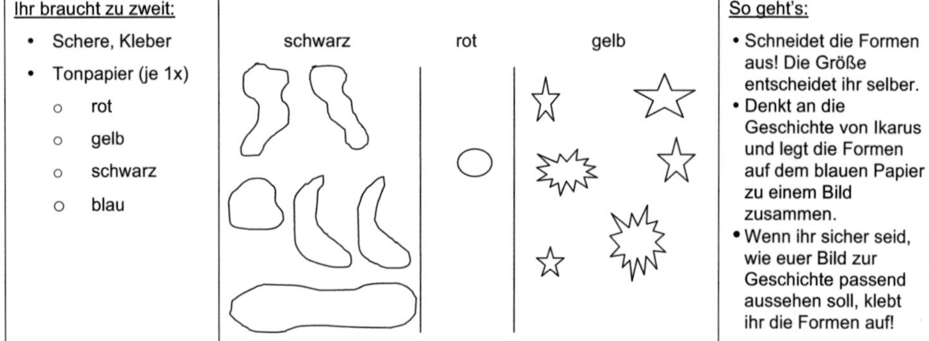

Unterrichtsmaterial:

- Geschichte vom Fall des Ikarus (etwas geändert in Anlehnung an: Kahler, M. (2004): *Das Ikarus-Puzzle*. In: Grundschule Kunst: Kunst und Geschichten (Nr.17). Seelze-Velber: Kallmeyersche Verlagsbuchhandlung.)
- Tonpapier in blau (DIN A4), rot, gelb und schwarz, Scheren, Kleber
- Bildmaterial:
  - Ikarus-Bilder verschiedener Künstler (ohne Namen aufgeführt) z. B. auf http://www.latein-pagina.de/ovid/ovid_m8.htm (28.09.2007)
  - Ikarus-Bild von Matisse entnommen aus: http://www.artchive.com/artchive/M/matisse/icarus.jpg.html (28.09.2007)

<u>Literatur:</u>

- Flam, J.D. (1986): *Matisse: the man and his art, 1869-1918.* Ithaca, New York: Cornell University Press
- Guichard-Meili, J. (1968): *Henri Matisse: sein Werk und seine Welt.* Köln: DuMont Schauberg.
- Kahler, M. (2004): *Das Ikarus-Puzzle.* In: Grundschule Kunst: Kunst und Geschichten (Nr.17). Seelze-Velber: Kallmeyersche Verlagsbuchhandlung.
- Niedersächsisches Kultusministerium: *Kerncurriculum für die Grundschule. Schuljahrgänge 1-4. Kunst.* Hannover 2006.
- Pröschel, S. (2006): *Picasso & Co. Band 2.* Donauwörth: Auer Verlag.

Zeit	Phase	Geplanter Unterrichtsverlauf	Medien/ Material	Sozial- form	Didaktisch-methodischer Kommentar
10:40 - 10:50	Begrüßung und Einstieg	L begrüßt die SuS, stellt den Besuch vor und bittet SuS in den Sitzkreis. L erzählt die Geschichte von Ikarus. SuS äußern sich frei zu der Geschichte.	Geschichte von Ikarus	Sitzkreis SuS-Kette	Durch die Geschichte sollen sich die Kinder in das Thema der Stunde einfühlen und sich bereits beim Zuhören eigene Bilder von der Geschichte im Kopf machen können.
10:50 - 10:55	Erarbeitung I	L sagt, dass viele Künstler von der Geschichte des Ikarus fasziniert waren und dazu Kunstwerke gemacht haben. L zeigt unterschiedliche Kunstwerke, hängt sie an die Stellwand und bittet SuS das Bild herauszusuchen, von dem sie denken, dass es Matisse in seinen späteren Jahren (etwa ab 1948) gemacht hat. SuS erkennen, dass keines der Bilder von Matisse sein kann und wiederholen die Merkmale von Matisse` späteren Kunstwerken (Farbwahl, „Zeichnen mit der Schere"…) L bittet SuS zurück auf ihre Plätze.	Stellwand, Nadeln, Kunstwerke verschiedener Künstler zur Ikarus-Geschichte	Gelenktes L-SuS-Gespräch	Der Vergleich mit Ikarus-Bildern anderer Künstler soll den Kontrast zu Matisse´ Arbeiten verdeutlichen und zudem die Kinder dazu veranlassen, ihr Wissen über Henri Matisse und seine Werke zu wiederholen und die Besonderheiten herauszustellen.
10:55 - 11:00	Erarbeitung II	L erzählt, dass Matisse auch ein Ikarus-Bild gemacht hat, das er aus geschnittenen Einzelteilen zusammengesetzt hat und öffnet Tafel, an der die Einzelteile angezeichnet sind. L erläutert **Arbeitsauftrag** an der Tafel (siehe Tafelbild): SuS sollen in Partnerarbeit die Formen zunächst ausschneiden. Diese sollen dann auf einem blauen Papier passend zur Geschichte zu einem Bild zusammengelegt und anschließend aufgeklebt werden. SoS liest Materialliste auf der linken Tafelseite vor, anderer SoS liest Arbeitsauftrag auf der rechten Tafelseite vor. Ggf. werden Fragen zum Arbeitsauftrag geklärt.	Tafel, Pappstreifen mit Arbeitsauftrag, Tonpapier in rot, gelb, blau und schwarz	Frontal	Ich habe mich dagegen entschieden, Kopiervorlagen oder Schablonen bereitzustellen, um durch die freie Wahl der Größe der Einzelteile eine größere Vielfalt in den Bildern der Schüler zu erreichen. Die Visualisierung des Arbeitsauftrages, des benötigten Materials und der skizzierten Formen an der Tafel wird für die Kinder während der gesamten Arbeitsphase präsent bleiben, damit sie sich daran orientieren können. Zusätzlich wird die Geschichte des Ikarus noch einmal aufgehängt, damit sich die Schüler diese bei Bedarf noch einmal durchlesen können.
11:00 - 11:15	Arbeitsphase	SuS schneiden, legen und kleben in Partnerarbeit ein Ikarus-Bild wie es Matisse gemacht haben könnte. *Didaktische Reserve*: SuS, die bereits fertig sind, geben ihrem Kunstwerk einen Namen und erstellen anschließend ein dazu passendes „Wörterrechteck", in das sie Wörter eintragen, die sie mit ihrem Bild in Verbindung bringen.	Tafel, Ikarus-Geschichte, Tonpapier, Scheren, Kleber	PA	Durch die Arbeit mit einem Partner werden die Kinder dazu angehalten, sich über ihre Gestaltungsideen argumentativ miteinander auseinanderzusetzen und sich zu beraten. Dadurch wird ihnen die Geschichte und der Aufbau ihres Bildes noch bewusster.
11:15 - 11:25	Reflexion	L zeichnet Raster an die Tafel. L beendet Arbeitsphase mit einem akustischen Signal und bittet SuS, ihre Bilder in das Raster an der Tafel zu hängen. SuS betrachten ihre Kunstwerke, finden Gemeinsamkeiten und Unterschiede in der Darstellung, klären Fragen und äußern sich dazu. L zeigt Ikarus-Bild von Matisse. SuS äußern sich dazu und überlegen, was der Unterschied zu ihren eigenen Bildern ist.	Glocke, Tafel, Magnete, Bilder der Kinder Ikarus-Bild von Matisse	Frontal	Durch den Vergleich ihrer eigenen Bilder mit dem Ikarus-Bild von Matisse können die Kinder Gemeinsamkeiten und Unterschiede finden durch die sie dem Bild näher kommen, als durch bloßes Anschauen. Auf diese Weise könnten ihnen Kleinigkeiten auffallen, die zum Diskutieren anregen.

Die Geschichte des Ikarus

Vor langer Zeit lebte in Griechenland ein Junge namens Ikarus. Zusammen mit seinem Vater Dädalus, einem erfolgreichen Erfinder, wurde er auf der Insel Kreta gefangen gehalten. Es war jedoch eine sehr angenehme Gefangenschaft.

Der König von Kreta wollte Dädalus nicht nach Hause auf das Festland gehen lassen, damit er für die Insel noch einige wichtige Erfindungen fertig stellen konnte. So bekamen Ikarus und sein Vater alles, was sie brauchten und konnten sich auf Kreta frei bewegen. Denn fliehen konnten sie nicht, da die Insel von einem weiten Ozean umgeben war.

Doch irgendwann wurde das Heimweh so groß, dass Dädalus lange überlegte, wie er und sein Sohn von der Insel fliehen könnten. Da kam ihm schließlich die Idee, dass der Ozean am Besten mit Flügeln zu überwinden wäre, indem man einfach darüber hinweg fliegt.

So begann er heimlich, Federn und Wachs zu sammeln. Damit baute er vier Flügel – zwei für sich und zwei für seinen Sohn Ikarus.

Eines Tages zur Mittagszeit war es soweit: Auf einer hohen Klippe über dem Meer banden die beiden sich die Flügel an die Arme. Bevor sie sprangen, ermahnte Dädalus seinen Sohne Ikarus: „Fliege nicht zu tief über dem Wasser, sonst werden deine Flügel nass und schwer und du stürzt ab. Fliege aber auch nicht zu hoch, denn dann schmilzt die warme Sonne das Wachs, die Federn lösen sich und du stürzt ab."

Dann sprangen sie und flogen: Ikarus war begeistert davon, schwerelos wie ein Vogel in den Lüften zu schweben. Immer mutiger wurde er und schwang sich immer weiter in die Höhe.

Sein Vater Dädalus schaute besorgt zu und rief dem Sohn noch warnende Worte zu. Doch zu spät: Die warme Mittagssonne hatte das Wachs an Ikarus´ Flügeln geschmolzen, so dass die Federn abfielen. Ikarus kam ins Wanken, trudelte haltlos nach unten und ruderte verzweifelt mit seinen Armen in der Luft. Doch es half nichts mehr – er versank schließlich im Meer.

Traurig und allein erreichte nur Dädalus das Festland und die Heimat.

Ikarus-Bild von Matisse:

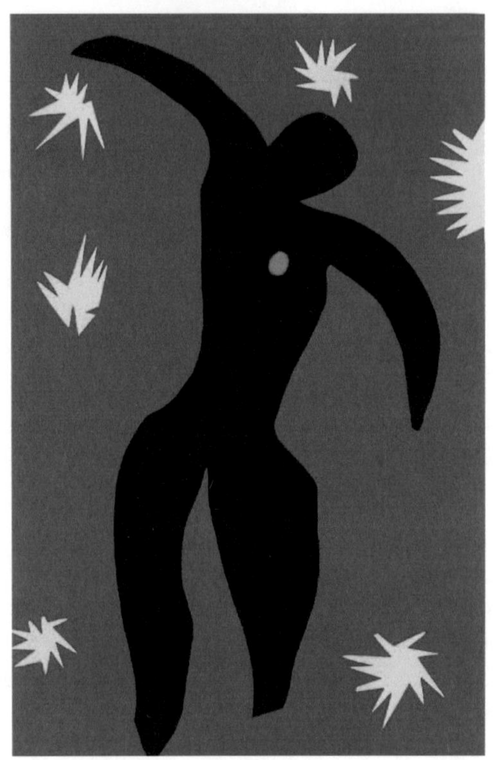